읽으면서 바로 써먹는 어린이 세계사 퀴즈 1

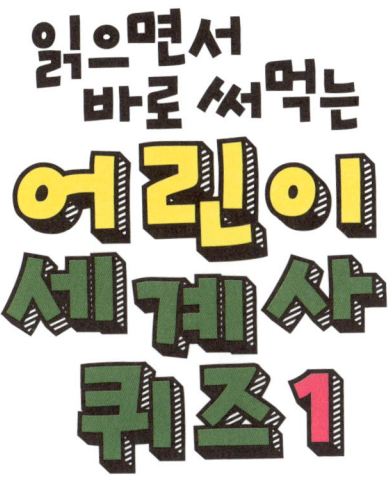

읽으면서 바로 써먹는
어린이 세계사 퀴즈 1

글·그림 한날

파란정원

작가의 말

과학자들의 지속적인 연구를 통해 밝혀진 우주의 나이, 즉 우주가 탄생한 건 138억 년 전 빅뱅 때문이라고 해요. 그리고 그 광활하고 무한한 우주의 공간 속에 지구가 탄생한 건 약 46억 년 전이었죠.

우주와 지구의 나이는 아직도 정확하게 알 수 없는 논란의 주제이기도 합니다. 그렇지만 우리 모두 한가지는 명확하게 알고 있죠. 바로 무한한 우주 공간 속에 아주 작은 지구가 생겨났고, 그 작은 지구 안에 훨씬 더 작은 존재인 인류가 탄생했다는 사실 말이에요. 그리고 그건 정말이지 놀라운 기적이라는 사실 또한 알고 있습니다.

지구라는 아름다운 행성이 존재하게 되었고, 그 안에서 인류가 탄생하게 된 사실만으로도 놀라운 일일 텐데, 그 인류가 문명을 이룩하고 사회를 만들었다는 걸 생각하면 그건 기적이라는 단어로도 표현이 부족한 일인 것 같아요. 이런 기적들이 모여 우리 인류의 역사가 된 것입니다.

그래서 저는 세계 역사를 알아갈 때면 놀랍고도 경이로운 인류의 지혜에 감탄하기도 하고 때론 무서움에 몸을 떨기도 합니다. 이런 모든 역사 하나하나를 배워가는 것이 우리에겐 하나의 즐거움이자 숙제 아닐까요?

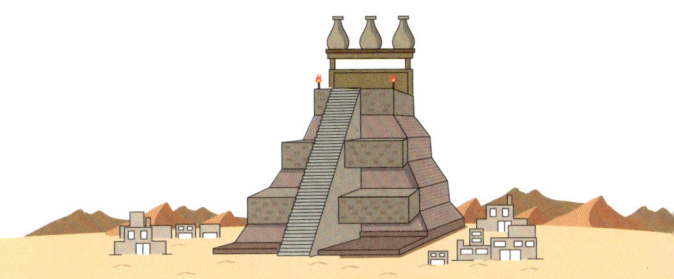

　《읽으면서 바로 써먹는 어린이 세계사 퀴즈 1》은 학생들이 역사를 알아가는 즐거움을 함께 느낄 수 있었으면 하는 바람으로 기획하게 되었습니다. 찹이와 친구들이 저주에 걸려 아주 먼 과거 세계사 속으로 떠나며 겪는 모험을 통해 재미있게 세계 역사를 만나는 시간이 되었으면 합니다. 그리고 그 기적의 역사를 통해 우리가 앞으로 만들어 갈 미래도 기적으로 기억될 수 있기를 함께 바랍니다.

한날

프롤로그

아주아주 먼 옛날

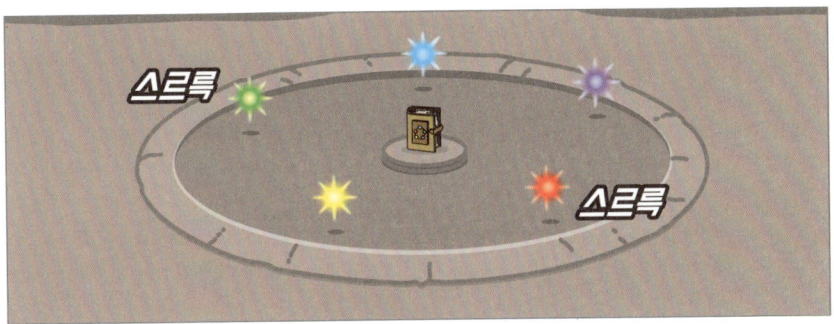

봉인서의 저주

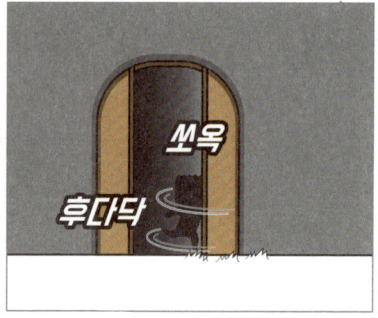

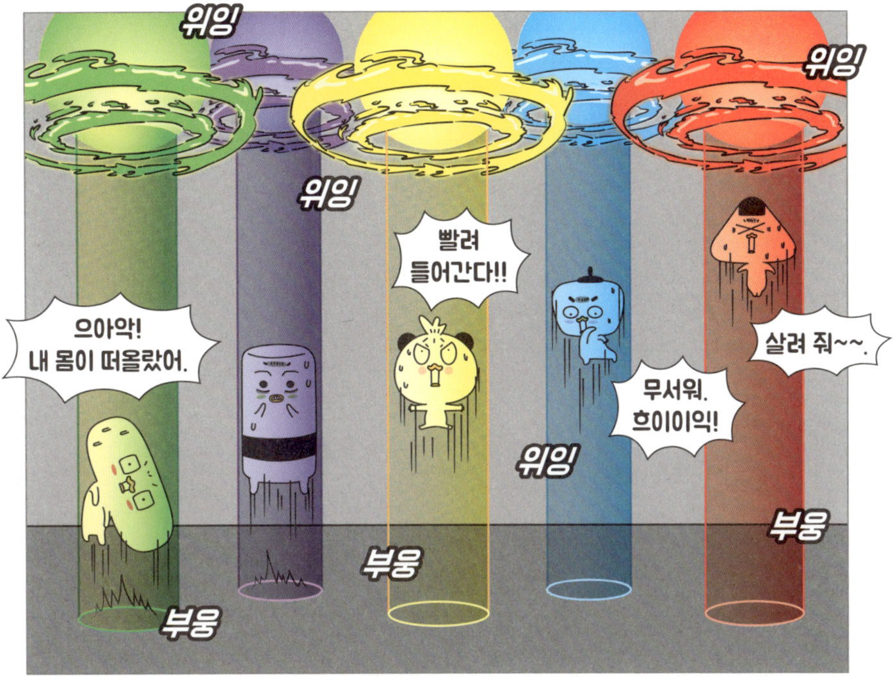

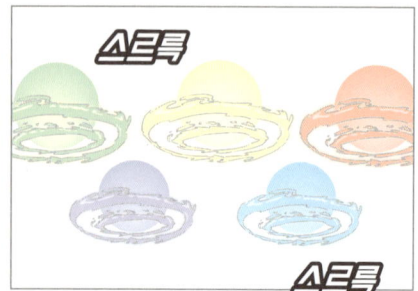

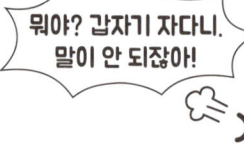

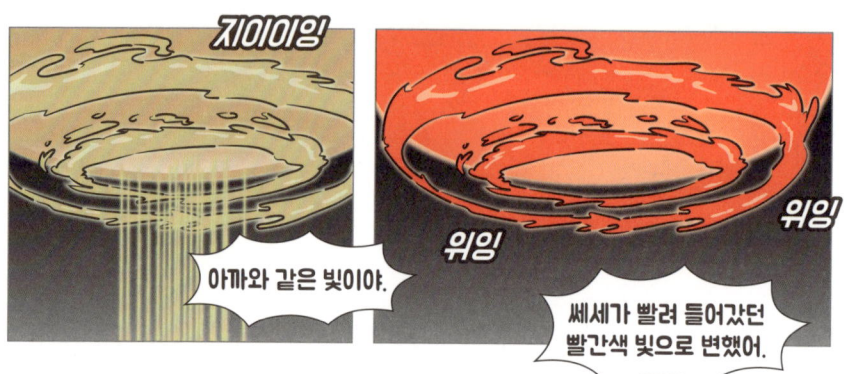

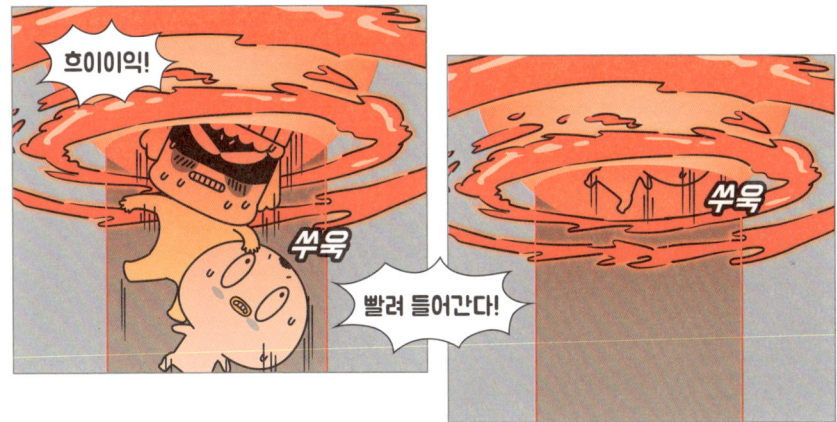
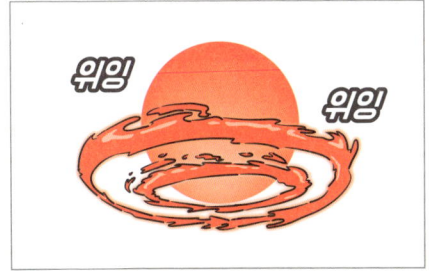

파라오가 된 쎄쎄

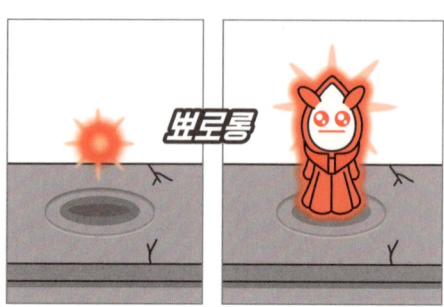

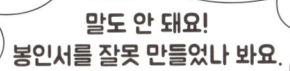

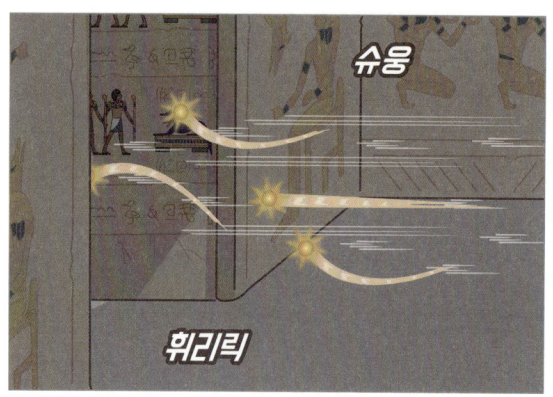

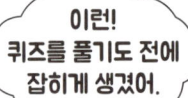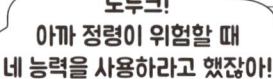

나일강의 악어

005
메소포타미아 지역에 흐르는 두 개의 강 중 하나는?

□□□□□ 강

006
메소포타미아에서 사용한 문자는?

□□ 문자

007
메소포타미아 사람들이 신에게 제물을 바치고 기도했던 곳은?

□□□

008
고대 이집트에서 만들어진 사각뿔 모양의 무덤은?

□□□□

013
중국에서 가장 오래된 나라는?

은나라라고 불리기도 했어.

☐ 나라

014
상나라 왕은 중요한 일을 어떻게 결정했을까?

무속인들이 하는 거야.

거북의 등딱지인 갑골을 이용했어.

☐ 을 쳐서

015
거북 등딱지에 점괘를 쓴 이 문자는?

한자의 조상이야.

☐☐ 문자

016
메소포타미아 지역을 다스렸던 나라는?

수도 바빌론을 중심으로 번영한 왕조야.

☐☐☐☐☐

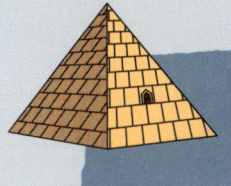 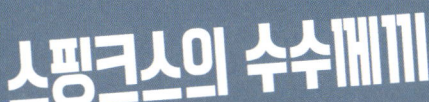

스핑크스의 수수께끼

017
바빌로니아의 함무라비왕이 만든 인류 최초의 법전은?

□□□□ 법전

018
키루스 1세의 손자로 서아시아 주변을 정복해 페르시아제국을 세운 왕은?

□□□□ 2세

019
페르시아제국의 다리우스왕에게 끝까지 저항한 나라는?

□□□□

020
그리스에 생겨난 도시 국가를 무엇이라 부를까?

□□□□

025
고대 올림픽대회에서 우승자에게 주었던 상은?

월계수 잎을 엮어서 만들었어.

026
페르시아가 그리스를 공격하며 시작된 전쟁은?

다리우스 1세가 시작한 1차 전쟁을 시작으로 3차 전쟁까지 일어났어.

하지만 결국 실패로 끝났지.

전쟁

027
그리스가 페르시아와의 전투에서 승리를 거둔 전투는?

승전보를 알리기 위해 먼 길을 달려갔던 전령을 기념하여 만들어진 운동 경기 이름이야.

전투

028
마케도니아의 왕으로 그리스·페르시아·인도에 이르는 대제국을 건설한 왕은?

그리스 문화와 오리엔트 문화를 융합시킨 새로운 헬레니즘 문화를 이룩했어.

대왕

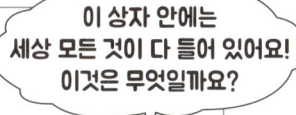

투탕카멘의 미라

037

중국을 통일한 진나라의 왕은?

최초로 황제의 칭호를 썼어.

038

진시황의 명령으로 만든 수천 킬로미터가 넘는 성벽은?

만드는 기간만 8년이나 되었대.

세계 7대 불가사의 중 하나야.

039

진시황을 비판하는 글을 썼다는 이유로 학자들을 죽이고 책을 불태운 사건은?

의약·농업 서적과 점을 칠 때 쓰는 복서만 남기고 모두 불태웠지.

040

진시황릉을 채우고 있는 진흙을 구워 만든 말과 병사는?

병사가 8천 명이나 된대.

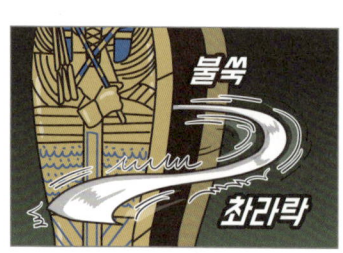

041
진나라가 무너진 후 초나라 항우를 물리치고 중국을 차지한 인물은?

아주 곤란한 상황에 빠졌다는 '사면초가'가 항우와 ㅇㅂ의 이야기에서 유래되었어.

042
유방이 중국을 다시 통일하여 세운 나라는?

오늘날 중국 민족의 대다수를 차지하는 한족의 뿌리가 되었어.

나라

043
한나라 때 사마천이 지은 역사책은?

중국의 시작부터 한나라 무제 때까지가 담겨 있지.

044
한나라의 장건이 여행한 길을 따라 비단이 로마까지 들어갔어. 이 길의 이름은?

비단은 중국의 특산물이었어.

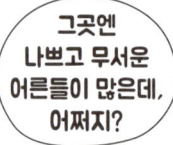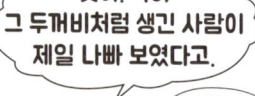

파라오의 신전

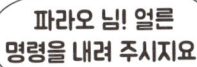

053
고대 이집트의 마지막 파라오는?

카이사르의 도움으로 왕위를 회복할 수 있었어.

054
로마제국의 첫 번째 황제는?

원로원에서 '아우구스투스'라는 새 이름을 주었어.

055
크리스트교는 누구의 가르침을 따를까?

이 사람은 십자가에 못 박혔어.

056
예수가 태어난 곳은?

이곳은 이스라엘에 있어.

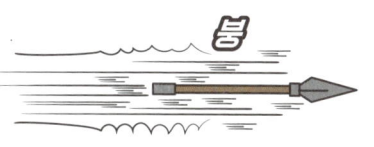

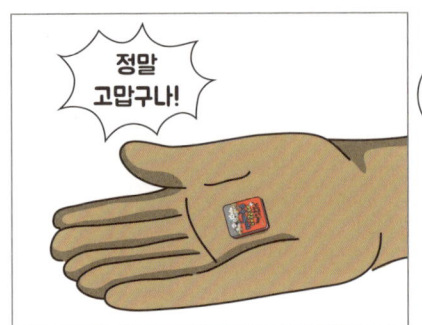

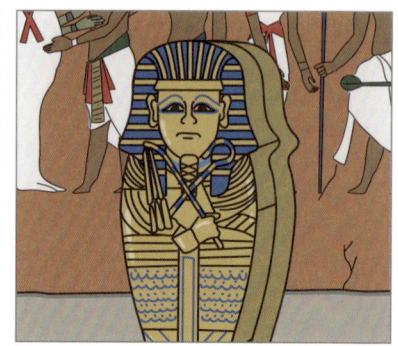

057
화산 폭발로 사라진 로마의 항구도시는?

수로 건설을 위해 땅을 파다가 유적이 발견되면서 세상에 알려졌어.

058
폼페이에 있는 화산은?

이 화산의 폭발로 폼페이가 사라졌어.

　　　　화산

059
로마제국에서 크리스트교를 공인한 황제는?

로마제국의 수도를 콘스탄티노폴리스로 옮겼어.

　　　　　　대제

060
힘을 잃어가던 로마제국이 나누어진 두 나라는?

테오도시우스 황제가 죽기 전 동쪽과 서쪽으로 나누어 두 아들에게 물려 주었지.

동로마제국과 　　　 제국

061
콘스탄티노폴리스가 수도였던 나라는?

제국

062
국력이 약했던 서로마제국은 누구의 침략으로 멸망했나?

족

063
불교, 기독교와 함께 세계 3대 종교는?

064
고대 이집트, 그리스, 로마에서 경제·군사적으로 중요했던 바다는?

형주성의 관우와 장비

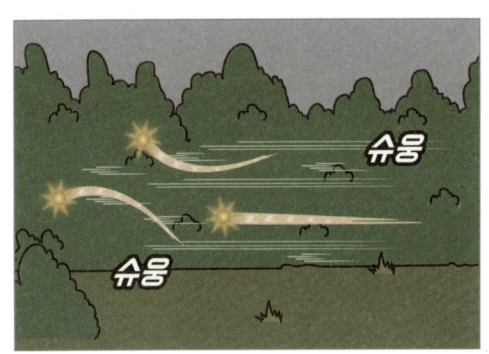

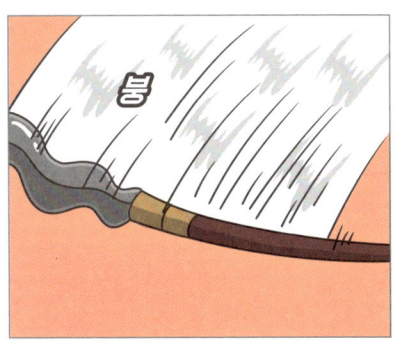

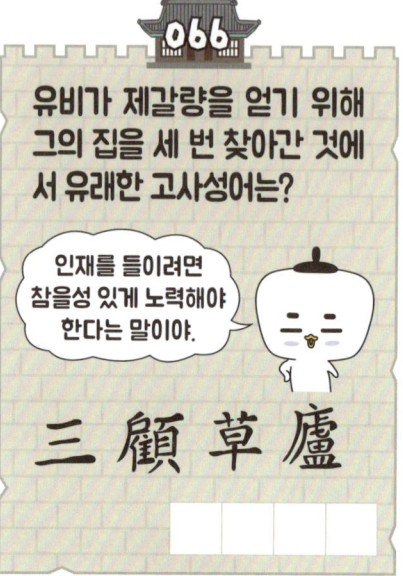

073
인도에 가서 불경을 가지고 당나라로 돌아온 승려는?

소설 '서유기'에 등장한 삼장법사가 바로 이 스님이야.

074
중국 역사상 유일한 여자 황제는?

당나라 고종 황제의 황후였으나, 국호를 주나라로 바꾸며 스스로 황제가 되었지.

075
고구려 후예로 당나라에서 태어나 서역 원정을 이끈 장수는?

하지만 751년 탈라스 전투에서 이슬람 연합군에 패했어.

076
탈라스 전투에서 패한 당나라 포로에 의해 서양에 전해진 기술로 만든 것은?

한나라 때 채륜이 만들었어.

077 당나라가 무너진 후 여러 나라로 쪼개진 중국을 통일한 나라는?

15개의 나라로 쪼개져 '5대 10국'이라 불렸어.

078 인쇄술, 나침반과 함께 송나라의 3대 발명품은?

전쟁터에선 무기로 일상에선 불꽃놀이를 위해 쓰였지.

079 예술품 수집에만 집중하다가 나라를 망하게 한 송나라의 왕은?

중국 역사의 많은 폭군 중 손꼽힐 만한 인물이야.

080 만주의 여진족이 세운 나라로 송나라를 밀어내고 중국 북부를 차지한 나라는?

요나라 점령 후 송나라를 공격하여 이 나라를 세웠어.

120년 만에 몽골제국에 의해 멸망하지.

유비가 된 모네

089
사막, 초원, 바다를 통해 세계 곳곳을 누빈 상인은?

고려 인삼은 이 상인들에게 가장 인기가 높았어.

□□□□ 상인

090
아라비아 상인은 어디를 통해 고려로 들어왔을까?

상인들은 수은, 향료 등을 가지고 왔어.

091
동로마 황제 유스티니아누스 1세가 편찬한 법전은?

시민법대전 또는 유스티니아누스 법전이라고도 불리지.

092
게르만족이 세운 프랑크왕국을 빛낸 왕은?

서유럽에서 이슬람교도를 몰아내고 정복 활동도 활발히 했지.

□□□□ 대제

정답

001 ③ 큰 치아
002 아프리카
003 문명
004 ② … ① … ③ … ④
005 유프라테스강
006 쐐기문자
007 신전
008 피라미드
009 파라오
010 미라
011 나일강
012 스핑크스
013 상나라
014 점을 쳐서
015 갑골문자
016 바빌로니아
017 함무라비법전
018 키루스 2세
019 그리스
020 폴리스
021 아테네
022 민주정치
023 스파르타
024 올림픽대회
025 월계관
026 페르시아전쟁
027 마라톤전투
028 알렉산드로스대왕
029 알렉산드리아
030 아리스토텔레스
031 불교
032 석가모니
033 춘추전국시대
034 진나라
035 제자백가
036 인
037 진시황(시황제)
038 만리장성
039 분서갱유
040 병마용
041 유방
042 한나라
043 사기
044 비단길
045 로물루스
046 공화정
047 원로원
048 카르타고
049 한니발
050 콜로세움
051 노예
052 로마숫자

- 053 클레오파트라
- 054 옥타비아누스
- 055 예수
- 056 예루살렘
- 057 폼페이
- 058 베수비오 화산
- 059 콘스탄티누스대제
- 060 서로마제국
- 061 동로마제국
- 062 게르만족
- 063 이슬람교
- 064 지중해
- 065 유비
- 066 삼고초려
- 067 수나라
- 068 수 양제
- 069 을지문덕
- 070 당나라
- 071 당 태종
- 072 태평성대
- 073 현장
- 074 측천무후
- 075 고선지
- 076 종이
- 077 송나라
- 078 화약
- 079 휘종
- 080 금나라
- 081 막부
- 082 쇼군
- 083 알라
- 084 메카
- 085 칼리프
- 086 시아파
- 087 술탄
- 088 아라비아반도
- 089 아라비아 상인
- 090 벽란도
- 091 로마법대전
- 092 카롤루스대제
- 093 서로마 황제의 왕관
- 094 프랑스
- 095 바이킹
- 096 노르망디
- 097 윌리엄 1세
- 098 영주
- 099 농노
- 100 카노사의 굴욕
- 101 십자군전쟁
- 102 흑사병(페스트)
- 103 봉건제도 붕괴
- 104 백년전쟁

초판 14쇄 2025년 8월 11일
초판 1쇄 2023년 6월 20일

글·그림 한날

펴낸이 정태선
펴낸곳 파란정원
출판등록 제395-2010-000070호
주소 서울특별시 은평구 가좌로 175, 5층
전화 02-6925-1628 | **팩스** 02-723-1629
제조국 대한민국 | **사용연령** 8세 이상 어린이
홈페이지 www.bluegarden.kr | **전자우편** eatingbooks@naver.com
종이 다올페이퍼 | **인쇄** 조일문화인쇄사 | **제본** 경문제책사

글·그림ⓒ2023 한날
ISBN 979-11-5868-263-7 73030

이 책은 저작권법에 따라 보호받는 저작물이므로 무단 전재와 무단 복제를 금지하며,
이 책 내용의 전부 또는 일부를 이용하려면 반드시 저작권자와 파란정원(자매사 책먹는아이·새를기다리는숲)의 동의를 얻어야 합니다.
*잘못된 책은 구입하신 서점에서 바꿔 드립니다.